Opciones, Cambios, Capítulo y Verso

KATHRYN GRANT

Para realizar pedidos de este libro, contacte con:
Xlibris
1-844-714-8691
www.Xlibris.com
Orders@Xlibris.com

ISBN:	Tapa Dura		979-8-3694-1172-8
	Libro Electrónico	979-8-3694-1171-1

Numero de la Libreria del Congreso:	2023922238

Información de la imprenta disponible en la última página.

Fecha de revisión: 11/21/2023

Agradecimientos

A continuación encontrará información para agradecer a todos aquellos cuyo ojo por la belleza de la naturaleza contribuyó a este esfuerzo.

Cubierta   izzy-gibson-sFrkWv4ACJg-unsplash

Ca. 1   pexels-johannes-plenio-1632790

Ca. 2   flowers-190830_1280

Ca. 3   pexels-pixabay-315987

Ca. 4   flower-827000_1280

Ca. 5   pexels-michael-block-3225518

Ca. 6   pexels-fabio-partenheimer-712398

Ca. 7   owl-1845060_1280

Ca. 8   pexels- gantas-vaičiulėnas-234250

Ca. 9   pexels-tetyana-kovyrina-187928

Ca. 10   Watchman River, sunrise

Introducción

Únase a un viaje que abarca de frente algunos de los mayores desafíos de la vida. El enfoque de este libro vincula las elecciones verbales con cambios motivadores en uno mismo y/o en el entorno. Además, selecciones colaborativas de capítulos y versículos de las Escrituras y hermosas escenas de la naturaleza complementan y completan cada sección. Una prensa a tres bandas para examinar el crecimiento personal. Cada capítulo combina estas herramientas, pero sus elecciones y cambios específicos crean un viaje único e individualizado. A medida que interconectas opciones designas caminos nuevos y positivos, lo que te anima a mantener un estilo de vida más saludable mentalmente, emocionalmente, a veces físicamente, pero sobre todo espiritualmente.

Primero, busque el contenido como si fuera un mapa GPS para poder guiarle individualmente a través de una prueba o tribulación inesperada, porque éstas ocurren en diferentes momentos en la vida de cada persona. Desplácese hacia abajo y elija su área específica de interés o necesidad en la lista. Luego embarca, navega y/o vuelve a visitar cualquier sección según sea necesario a lo largo del camino. Encontrará opciones, cambios y docenas de versículos bíblicos para cada uno, así como fotografías deliciosamente serenas para envolver maravillosamente cada parte.

En general todos los segmentos mezclan estos ingredientes de manera similar. Ejercicio verbal las opciones de estímulo también son humillantes y reflexivas. Son satisfactorios declaraciones para hablar con valentía, pero reflexionar más profundamente a medida que saludas cada aparición de nuevo. Las sugerencias de actividades tangibles, pero abiertas, contribuyen a los ejercicios iniciales como catalizador de cambios en usted y su entorno. Aunque, en última instancia, ellos están destinados a persuadir suavemente a los sistemas emocionales y mentales para que se catapulten hacia adelante como bueno. Nuevos parámetros comienzan a dar forma a metas positivas como resultados físicos realistas, cuando se mantienen, impactan visible y productivamente el crecimiento en todas las áreas de la vida.

Combine estas nuevas mentalidades y oportunidades de acción potenciadoras 24/ 7/ 365 días al año para acelerar el conocimiento de uno mismo y de los demás, pero no se detenga ahí. Sabiduría y el discernimiento puede profundizarse, al incluir la Escritura, que se amasa suavemente en cada sección también. Siempre recita, revisa y reprende capítulos y versículos por reflexión y estudio posterior. Rezo para que traigan más esperanza y estimulen sorprendentemente contigo a lo largo del viaje de la vida. Sin embargo, los versos singulares no son más que peldaños hacia un estudio completo de la Palabra de Dios.

A pesar de puedas ir más allá de un conjunto actual y subjetivo de las percepciones mentalidad, personal, emocional y espiritual, al completar los tres componentes todos juntos se refuerza una base. Una combinación que construye un cimiento más amplia para la curación a partir de la aplicación se interioriza. Si avanzas de esta manera, hacia su contribución e intención personal arrojan luz sobre las opciones y los cambios que mejor se ajusten a sus necesidades y experiencias particulares. Rezo para las montañas de la vida sean movibles y todos los pedazos rotos se conviertan en bendiciones para el crecimiento y la curación.

Secciones del Libro

Señalame Mi Propósito

Opciones

- Aunque parezca que estoy solo con la verdad, una elección valiente es fundamental para conseguir una base más firme. A diferencia de las arenas movedizas de la falsedad y la pretensión, este tipo de fortaleza tiene un legado de longevidad.

- Incluso si parece que a nadie cerca de mí le importa y/o no sé cómo superar mi situación actual, siempre existe un propósito a mayor escala más allá de mí para beneficiar a otros, ya sea en mi comunidad, ciudad o más allá.

- Elijo un centro más equilibrado mentalmente y emocionalmente, no sentándome en una valla, sino fijando mi atención en objetivos para el bien común.

- Elijo personas y lugares positivos para ayudar, como profesores, consejeros, entrenadores o mentores. La atención a sus elecciones de vida me alerta sobre ideas alternativas que todavía no he considerado ni experimentado por mi cuenta.

- Elijo pensar y mirar fuera de las cajas que me he creado en el pasado, porque me ayuda a ampliar las opciones.

- Elijo considerar y contemplar todas las opciones disponibles, porque puedo ramificarme como un roble gigante, lo que amplía mi esfera de influencia y comprensión.

- Elijo perseguir expectativas futuras en proyectos y propósitos que valgan la pena, porque añaden valor y carácter a mi vida.

- Elijo conectarme e interactuar con otras almas de mentalidad positiva, porque es más saludable mentalmente, emocionalmente, físicamente y espiritualmente.

Cambios

Cambie su alcance de visión al observar la resiliencia, la perseverancia y el propósito de aquellos en su esfera de intereses. Investigue y reciba orientación, ya sea mediante lectura, videos o debates con otros. Alguien como Rosa Parks o Daniel de la Biblia son ejemplo de quienes no dieron marcha atrás y el cambio y la verdad salieron a la luz. Esto sucede eventualmente, pero tus esfuerzos llaman la atención a través de una posición honorable y firme.

Piense en una lista de personas para ver y/o conocer, música para escuchar, lugares para visitar y explorar, comida para probar y/o cocinar, nuevas habilidades/talentos para estudiar y/o practicar que apunten a una mayor aspiración que todavía tienes que perseguir. Ahora, comience una segunda lista de cosas por hacer para ayudar a otros. Ábrete a aquellos a quienes puedas ayudar y que lo necesiten. Un buen lugar para comenzar es su propia comunidad, ya sea familia, amigos y/o vecinos. Siempre hay oportunidades para ser voluntario o donar a un refugio para personas sin hogar, un hogar de ancianos, un rescate de animales o una iglesia.

Lo más importante es arraigarse en la creación de Dios, de modo que esté emocionalmente preparado para cualquiera de las listas de deseos. Salga a caminar o haga un picnic en un parque. Disfrute del tiempo junto a o en el agua en la playa, un lago o un río. Si no tienes una mascota que cuidar, ve a un zoológico, incluso a un zoológico de mascotas, pasea por una tienda de mascotas o mira algunos videos divertidos de animales y simplemente sonríe ante la adorable ternura y belleza de los animales.

A lo largo de todo, recuerde expresar aquello por lo que está agradecido y agradecido a diario, no solo en los días festivos, ya sea que celebre las lecciones aprendidas pasadas o presentes o reconozca las bendiciones. Da las gracias en privado con amigos y familiares o como una publicación positiva en tus redes sociales. Haga una lista de ellos y colóquela en un lugar destacado en el refrigerador para recordarle cuando la vida se ponga difícil. Si amigos y familiares lo visitan y quieren compartir, permítales agregarlo a la lista de gratitud.

Capítulos y Versículos

Proverbios 23:18-19 Porque seguramente hay futuro y tu esperanza no será cortada. 19 Escucha, sé sabio y guía tu mente, tu corazón y tu alma por el camino correcto.

Eclesiastés 3:1 Todo tiene su tiempo y su propósito bajo el cielo.

Juan 16:13 Cuando venga el Espíritu de la Verdad, él os guiará a toda la verdad, porque hablará por su propia cuenta, pero todo lo que oiga hablará y os declarará todas las cosas que han de venir.

1 Corintios 10:11 Pero todas estas cosas que les acontecieron fueron para ejemplo nuestro y fue escrito para nuestra instrucción, en quienes ha llegado el cumplimiento de los siglos.

Filipenses 3:12 No es que ya haya alcanzado todas mis metas en esto, ni que ya haya sido perfeccionado en Cristo, sino que prosiga para alcanzar aquello para lo cual Jesucristo me agarró a mí.

1 Pedro 4:9-10 Hospitalícese unos a otros sin quejarse. 10 Como buenos administradores de la multiforme Gracia de Dios, cada uno de ustedes debe usar cualquier don que haya recibido para servirse unos a otros.

Volando, Pasando el Miedo y la Ansiedad

Opciones

- Incluso si soy escéptico ante nuevas opciones o cambios, estoy abierto a intentarlo.

- Elijo mirar hacia adelante, hacia los éxitos y los fracasos, hacia la gloria y el peligro por igual; pero a pesar de ello sigo adelante.

- Elijo desafíos positivos para evitar que el miedo y la ansiedad innecesarios se conviertan en un efecto dominó del estrés.

- Incluso si la vida tiene ciclos que cambian constantemente y tienen diferentes duraciones, cuando me resisto o me rebelo contra las elecciones y los cambios positivos, me arriesgo a sufrir una oleada de drama y un esfuerzo adicional para seguir adelante.

- Elijo aumentos de energía literales como un "nivel superior" para todos los sistemas, emocionalmente, mentalmente, físicomente y sobre todo espiritualmente.

- Aunque mi miedo es una respuesta natural a un territorio desconocido o desconocido, sigo adelante como un soldado valiente. No estoy solo, porque todos continúan creciendo y cambiando constantemente, pero a ritmos diferentes.

- Incluso si no estoy seguro o confundido acerca de qué decir o hacer, ya sea en el futuro inmediato y/o en los años venideros, puedo tomar una decisión a partir de un análisis objetivo y racional de mis opciones.

- Incluso si mis preocupaciones surgen del miedo al juicio, ahora sé que mis acciones y reacciones son mías y no de otros, cuando las expreso y las hago con amor y verdad.

- Elijo la Palabra de Dios, en parte porque tiene más de 300 versículos que dicen "no temáis" de una forma u otra.

- Elijo las habilidades de pensamiento crítico porque son la mejor herramienta para investigar lo que necesito decir y hacer con menos preocupación.

- Elijo dejar de preocuparme por lo que piensan los demás, porque así desarrollaré una mentalidad independiente, crítica y racional.

Cambios

Simplifica la vida de alguna manera en cada área de tu vida. Comience limpiando y despejando espacios, lugares literales de su hogar y/o trabajo. Reorganice, limpie y tire la basura de los cajones de basura, las despensas/gabinetes de alimentos, todos los armarios, el patio, el balcón, el garaje y/o el cobertizo del patio trasero. Aplique a sus circunstancias... una sección a la vez. Vuelva a consultar dentro de 6 meses a un año para actualizar y no volver a ser abrumador.

Una vez que todo esté claro, considere un pasatiempo relajante y de conexión a tierra o un interés secundario que pueda liberar el estrés, como cocinar, pintar, hacer manualidades, hacer jardinería o agregar un comedero para observar cómo se toman fotografías de los pájaros. Si quieres ser más físico, ponte manos a la obra remodelando un auto viejo, una cómoda vieja o una antigüedad. Asegúrese de tomar fotografías de antes y después para compartir con amigos y familiares.

Si su capacidad y nivel de resistencia están a la altura (o si desea volver a estar en forma), únase a una clase de crossfit, kárate, boxeo, ciclismo, un curso de entrenamiento de supervivencia al aire libre (o haga el suyo propio en el patio trasero). . Puede incluir a toda la familia en una simple caminata, caminata o paseo en bicicleta alrededor de la cuadra, en el parque de la ciudad o aventurarse más lejos en un parque nacional.

Otra vía es hacer una lista de los resultados de las elecciones y cambios del pasado que no generaron estrés. Sopese las nuevas opciones y los cambios, incluso en pequeña medida, con respecto a las soluciones exitosas del pasado, pero continúe agregando nuevas estrategias innovadoras. Los pequeños momentos de éxito se construyen a lo largo de toda la vida. Asegúrese de anotar los cambios auténticos en cada área que crezca y complete. Registrar los cambios protege cualquier deseo de consultar y/o compartir su viaje de éxitos con otros más adelante.

Capítulos y Versículos

Salmo 46: 1-3 Dios es nuestro refugio y fortaleza, una ayuda siempre presente en tiempos de dificultad. 2 Por tanto, no temeremos, aunque la tierra se transforme y los montes se derrumben en lo profundo de los mares,…

Salmo 66:16 Venid y escuchad todos los que teméis a Dios, y contaré lo que Él ha hecho por mí. 17 Clamé a Él con mi boca y Le alabé con mi lengua

Salmo 94:19 Cuando la ansiedad me abruma, Tu consuelo alegra mi alma.

Proverbios 12:25 La ansiedad en el corazón del hombre lo deprime, pero la buena palabra lo alegra.

Proverbios 29:25 El temor al hombre es una trampa, pero el que confía en Jehová estará seguro en las alturas. Isaías 41:13 Porque yo soy Jehová tu Dios, que te toma de la mano derecha y te dice: No temas, yo te ayudaré.

Mateo 6:34 Por tanto, no os afanéis por el día de mañana, porque el mañana se afanará por sí mismo. Suficiente por el dia es su propio problema.

Juan 14:27 La paz os dejo, mi paz os doy; yo no os la doy como el mundo la da. No se turbe vuestro corazón, ni tenga miedo.

Filipenses 4:6 Por nada estéis afanosos, sino que en todo, mediante oración y súplica con acción de gracias, sean dadas a conocer vuestras peticiones a Dios.

2 Timoteo 1:7 Porque Dios no nos ha dado espíritu de temor, sino de poder, de amor y de dominio propio.

1 Pedro 5:7 Echad en él toda vuestra ansiedad, porque Dios tiene cuidado de vosotros.

Malas
Influencias
Comenzó

Opciones

- Incluso si hay influencias negativas y tóxicas en mi vida provenientes de elecciones, actitudes y comportamientos pasados, puedo dejarlas de lado ahora. No sirven para mi paz, felicidad y/o un bien mayor ni para mis opciones de vida futuras.

- Aunque sea doloroso soltar ciertas personas, lugares y/o cosas, acepto lo que debo soltar para cambiar y crear espacio para alguien, algo y/o un mejor ambiente de paz y crecimiento.

- Incluso si estoy dando y amando, no seré ingenuo ni un felpudo emocional, mental, físico, financiero o espiritual. Valoro mi valor y mi propósito de amar y perdonar a los demás, pero no a expensas de mi crecimiento, lealtad e integridad.

- Incluso si quiero "arreglar" a alguien o una situación específica, sé que otros deben usar su propia voluntad para querer opciones de estilo de vida más saludables.

- Incluso si hay buenos recuerdos, los conservo sin olvidar el drama tóxico y las elecciones poco saludables de las que debo alejarme y liberarme para tener paz y crecimiento.

- Incluso si los demás no entienden o eligen rebelarse contra mis nuevos límites, apoyo la confianza y la calma y digo cortésmente: "¡No!" Todo lo que no es positivo, edificante y respetuoso de mi valor y del bien mayor de Dios, no está en yugo igual conmigo y ha elegido un camino diferente.

- Allí busco y agrego a mi vida, pero siempre después de un tiempo razonable de investigación racional. Es simplemente de sentido común hacerlo.

- La libertad de la toxicidad y el drama negativo aporta un espíritu más pacífico, una calma mental, así como ambientes amigables y alentadores.

- Perdono, amo, rezo y acepto las malas influencias desde una distancia segura, para que no controlen mis decisiones. No tengo el control de las consecuencias de sus elecciones.

- Elijo liberar objetos que ya no uso, modos de pensar obsoletos, dolores emocionales del pasado y personas que sólo toman y nunca dan.

Cambios

Cierra los ojos y concéntrate en los adultos, los entornos y las situaciones que siempre requieren más de lo que dan emocionalmente, mentalmente, financieramente y sobre todo espiritualmente. Abra los ojos y prepárese para alejarse de tantos de ellos como pueda para restaurar, refrescar y renovar en todos los sentidos.

Planificar medidas en todos los ámbitos y patrones de comportamiento que no sirvan al bien común. Registre sus pasos mientras deja ir, libera y despeja un camino para avanzar, alejándose y alejándose de cualquier cosa que no sea saludable para su mente, cuerpo y alma. Esto le ayudará a mantenerse encaminado y ser constante. Los cambios pueden incluir limitar, modificar o eliminar algo o pasar tiempo con alguien por completo. Hazlos uno por uno y sigue adelante.

Acepta el desafío de equilibrar la energía e incluir personas y lugares emocionalmente más sanos y felices que rezuman honestidad e integridad en todos los ámbitos. Algunas adaptaciones serán más difíciles que otras, especialmente si tienes que dejar que las personas sigan su propio camino, que es diametralmente opuesto al tuyo.

Incluya una lista de personas, lugares y números de teléfono para ayudar o acudir cuando necesite una persona o un lugar seguro y reconfortante. Comparta esta lista sólo con alguien en quien pueda confiar explícitamente. No dudes en pedirle a Dios y a sus ángeles que te guíen, te protejan y te den consuelo.

Cada vez que tomes una decisión importante, evalúa seriamente la elección que estás haciendo. ¿Es realmente tu elección o una que haces basándose en la influencia de otra persona? No debería importar tanto si a alguien le gusta o está de acuerdo con tu elección. Todos somos diferentes. Recuerde, es mejor ser genuino, único en sus atributos, que una falsificación o una copia de otro.

Capítulos y Versículos

Proverbios 13:20 El que anda con sabios se hará sabio, pero el compañero de necios será destruido.

Juan 8:12 Una vez más Jesús habló al pueblo y dijo: "Yo soy la luz del mundo. El que me sigue, nunca caminará en tinieblas, sino que tendrá la luz de la vida".

Hechos 26:18... Pasaos de las tinieblas a la luz y del poder de Satanás a Dios, para que recibáis perdón de pecados y herencia entre los santificados por la fe en mí.

1 Corintios 5:11 Pero ahora os escribo que no os asociéis con nadie que se diga ser hermano y sea fornicario, o avaro, idólatra, o maltratador, borracho o estafador. Con un hombre así ni siquiera comas.

1 Corintios 15:33 No os dejéis engañar: "Las malas compañías corrompen el buen carácter".

2 Corintios 6:17 "Por tanto, salid de en medio de ellos y apartaos, dice el Señor, y no toquéis nada inmundo, y yo os recibiré".

2 Gálatas 5:19-20 Los deseos de la carne son evidentes: fornicación, impureza y libertinaje; 20 idolatría y hechicería; odio, discordia, celos y rabia; rivalidades, divisiones, facciones,...

Efesios 4:31 Deshágense de toda amargura, de ira y de ira, de clamor y de calumnia, y de toda forma de malicia.

2 Timoteo 2:22 Huye de las pasiones juveniles y sigue la justicia, la fe, el amor y la paz junto con los que de corazón puro invocan al Señor. 23 Pero rechazad las especulaciones necias e ignorantes, porque sabéis que engendran riñas....

Hebreos 13:5 Mantengan sus vidas libres del amor al dinero y estén contentos con lo que tienen porque Dios ha dicho: "Nunca os dejaré, nunca os desampararé".

Disuelva el Aturdimiento del Engaño

Opciones

- Aunque al principio no vi las señales de alerta, ahora escucho con atención.

- Elijo no hacerme daño guardando en secreto ira o resentimiento, aferrándome abiertamente a la desesperación o reprimiendo intencionadamente sentimientos de amargura.

- Incluso si me han traicionado, tengo la verdad en los labios; y el calor de la integridad y el perdón para reparar mi corazón.

- Si elijo vivir sin avergonzarme de mis palabras, porque la integridad de la paz, la claridad y la verdad deben guiar mi vida.

- Incluso si creo un gran revuelo con las opciones recién adoptadas, la onda inicial de cambios suavizará las aguas y conducirá a aguas más tranquilas.

- Incluso si acepto consecuencias por mi mal comportamiento anterior, debo decir la verdad.

- Incluso si no he sido honesto conmigo mismo o con los demás, sé que nunca es demasiado tarde para aclarar y corregir un error tanto con palabras como con acciones. Esta es la única manera de sanar el profundo engaño dentro de mí o de los demás.

- Aunque decir la verdad sea embarazoso, eso es temporal. La verdad es siempre eterna y te mantiene en paz con las decisiones.

- Elijo practicar ser un buen comunicador, así tengo el control de qué y cómo hablo.

-Incluso si creo que podría herir los sentimientos de alguien o que podría estar molesto conmigo, justificado o no, expresa tu verdad con amabilidad y amor.

- Elijo querer decir lo que digo y decir lo que quiero decir, porque el sarcasmo es una mentira con un toque de fea verdad. Sé amable.

-Elijo vivir saludablemente sin la confusión o la culpa que se acumula dentro de mi cabeza y mi corazón.

- Elijo ser honesto y me niego a seguir encubriendo mentiras que ya he dicho.

- Elijo crecer y madurar emocionalmente, porque el amor no manipula a otras personas y/o situaciones para satisfacer necesidades y deseos egoístas.

- Elijo servir al bien mayor en amor para todos los involucrados, incluido yo mismo, pero nunca solo a mí mismo ni ponerme a mí mismo por encima de los demás.

- Elijo la verdad, porque la mentira crea un reflejo agrietado y fragmentado. Me escondo detrás de una máscara y quiero ver mi yo auténtico en un espejo.

Cambios

Establece límites firmes y mantenlos para liberarte y crecer y madurar mental, emocional y sobre todo espiritualmente. No sólo decir la verdad en todos los sentidos, sino esperarla a cambio. Una vez que surge una mentira, ya sea por omisión, un giro de la verdad y/o una absoluta falsedad. No está bien permitir que otros mientan.

Las palabras tienen peso y significado y añaden valor a uno mismo. Las palabras añaden valor a uno mismo o se devalúan a sí mismos y a los demás, si surge el engaño. El engaño como el chisme es fácil de hablar, pero causa daño como tirar una piedra y esconder las manos. Las mentiras muestran inmadurez y detienen el crecimiento en todas las áreas de uno mismo. Ninguna relación permanece completa y crece cuando prosperan el engaño o la traición.

Las disculpas y la verdad comienzan a rectificar el engaño. Extender un simple y poco convincente "lo siento". sin la verdad de qué se arrepiente el perpetrador o por qué mantiene viva una mentira. Se pierde tiempo para un mentiroso y otros involucrados. Ser honesto consigo mismo aumenta la confianza para cambiar y ayudar a sanar a aquellos que están heridos. (Todas las mentiras duelen). Empiece por uno mismo antes de abordar los problemas de los demás. He aquí un ejercicio sencillo para reflexionar y dejar al descubierto intenciones.

Dobla un papel a lo largo por la mitad. Por un lado, la lista de mentiras que has dicho. Comience con las mentiras más actuales, continuas y/u obvias. El ego debe dejarse de lado mientras trabajas hacia atrás en tu pasado desde el presente; y sigue avanzando por la página. En el lado opuesto a las declaraciones y acciones falsas, escribe lo que deberías haber dicho o hecho, así como cómo rectificar y solucionar el problema para lograr el equilibrio lo más cerca posible. Hazlo personalmente, no a través de otros y sin culpar a los demás. Pídele a Dios que te guíe con palabras de sabiduría.

Nadie es perfecto ni perfecto en ningún área, por lo que está bien reconocer los problemas, los errores y las mentiras. Al principio puede doler verlo, pero ser auténtico te pone en buena compañía. Reúna valor para dar un paso adelante en sus nuevas elecciones y cambios de estilo de vida más saludables, incluso si algunos de sus antiguos compañeros se dispersan. Las lecciones aprendidas deben practicarse para internalizarlas y es posible que algunos no las comprendan.

No permita respuestas o excusas vagas y generalizadas. Los mentirosos se enmascaran y manipulan a sí mismos, no sólo a los demás, al tratar de verse mejor. Los patrones de comportamiento se desarrollan rápidamente, pero cultivarlos requiere trabajo. Dedique el mismo tiempo, esfuerzo e inteligencia a hablar con integridad y honestidad. Repara el cerco roto de cualquier mentira que se escape para sanarte y madurar.

Construyes Puentes, Apuntalas Cargas

Opciones

- Incluso si las cargas de la vida son grandes, las coloco en orden de prioridad y completo cada parte ladrillo por ladrillo, así mis cimientos se vuelven más fuertes.

- Incluso si quemé uno o más puentes en el pasado, caminaré con fe a través de circunstancias oscuras hacia la luz de la verdad y reconstruiré con las lecciones aprendidas.

- Incluso si perdí mi trabajo o estoy en una crisis financiera, tengo habilidades, talentos y perseverancia para aplicar hacia metas nuevas y prósperas.

- Incluso si he cometido errores, no he cumplido una fecha límite y/o hecomplicado una situación, ahora asumo la responsabilidad de reparar, rehacer y sanar todas las áreas de mi vida.

- Aunque no he administrado mi dinero y otras responsabilidades como debería, sé que lo que quiero no siempre es lo que necesito.

- Elijo trabajar duro y seguir teniendo fe y sirviendo, porque sé que Dios proveerá lo que necesito, no lo que quiero, en Su tiempo.

- Elijo ver de manera realista y abordar de manera práctica todas las situaciones, lugares y personas, para poder limpiar mi conciencia sin culpar a los demás.

- Elijo considerar TODAS mis opciones, incluso aquellas que no quiero a largo plazo, pero que son peldaños hacia metas futuras más brillantes.

- Elijo trabajar más inteligentemente, no más duro. Elijo renovarme, reentrenarme y/o reconstruirme para planificar de nuevo el presente.

- Elijo seguir intentándolo y levantarme, si me caigo o pierdo mi marca inicial.

- Elijo gastar dentro de mis posibilidades, saldar mis deudas, establecer un presupuesto semanal y cumplirlo.

Cambios

Para construir un puente necesitas un plano. Si tuvo uno y el puente se quemó, explotó o se derrumbó por su propio peso, necesita cambiar sus planes anteriores y reevaluar dónde salieron mal las cosas... sin culpar a los demás primero... o posiblemente no culpar a los demás. Si decide reparar o construir un nuevo puente sobre aguas turbulentas, comience una lista de recursos para diseñar ese nuevo borrador para su éxito.

Reconocer ante todo los errores, incluso los fracasos, revelar lecciones para todos los involucrados. ¡Aprende el tuyo, para no repetirlo! Si atribuyes culpas a los demás, no estás reflexionando para evaluarte a ti mismo. No crecerás emocionalmente y eventualmente te encontrarás en el mismo ciclo; en última instancia siendo probado nuevamente para finalmente madurar. El crecimiento en cualquier área construye una base más firme para un futuro que celebrar.

La humildad admite y acepta gentilmente su parte de principio a fin en las lecciones que aún no han aprendido. El orgullo y el ego se dejan en un segundo plano para recibir conocimiento y sabiduría. Si aún necesitas hacer esto, perdónate por las consecuencias que ya están en juego y comprométete seriamente a realizar cambios en todos los ámbitos, mentalmente, emocionalmente, financieramente y, sobre todo, espiritualmente. Ahora estás listo para seguir adelante con esta perspectiva iluminada sobre ti mismo y hacia todas las nuevas empresas.

Escriba o haga un tablero de visión de todas sus habilidades, talentos y opciones viables disponibles y realistas. (El espía o el superhéroe no deberían estar en tu lista). Elige uno como enfoque, incluso si tienes que hacer otro trabajo, mientras estudias y practicas para un campo o carrera diferente. Incluso puedes cultivar o ampliar un pasatiempo o actividad artística existente.

Reduzca y elimine aparatos, juguetes y entretenimiento innecesarios. El objetivo es el éxito a largo plazo, no recompensas inmediatas e impulsivas. Guarde los recibos de responsabilidad ante sí mismo y ante otros efectuados. Guárdelos en un libro o archivo. Lo más importante es compartir sus planes y objetivos con familiares y amigos que alienten sus nuevas decisiones. Esto puede recordarles a ellos y a usted que su comportamiento ha cambiado para mejor... a largo plazo. Por último, ofrezca un servicio o calendario de pagos para saldar deudas con familiares, amigos y/o empresas. Cíñete a ello y tus puentes serán reparados o reconstruidos fuertes y hermosos.

Capítulos y Versículos

Salmo 37:23-25 Los pasos del hombre son ordenados por Jehová que se deleita en su camino. 24 Aunque caiga, no caerá de cabeza, porque el SEÑOR tiene su mano. 25 Yo fui joven y ahora soy viejo, pero nunca he visto justos abandonados ni a sus hijos mendigando pan.

Salmo 55:22 Deshazte de todas tus cargas delante de Jehová y Él te sustentará.

Salmo 62:10 No confiéis en la extorsión, ni confiéis en los bienes robados. Si tus riquezas aumentan, no pongas tu corazón en ellas.

Proverbios 24:16 Aunque el justo tropiece y caiga siete veces, aun así se levanta; pero los malvados tropiezan en los tiempos malos.

Jeremías 29:11 Yo sé los planes que tengo para vosotros declara el Señor; planes para prosperaros y no para haceros daño y para daros un futuro y una esperanza.

Mateo 5:41 Cualquiera que os obligue a ir con ellos una milla, id con ellos dos millas.

Mateo 11:28-29 Venid a mí todos los que estáis cansados y agobiados, y yo os haré descansar. 29 Llevad mi yugo sobre vosotros y aprended de mí; porque soy manso y humilde de corazón, y encontraréis descanso para vuestras almas.

Lucas 6:3 Dad y se os dará. Una buena medida, apretada, agitada y rebosante. Será derramado en el seno de tu regazo.

1 Corintios 3:14-15 Si lo que ha construido sobrevive, recibirá la recompensa. 15 Si se quema, sufrirá pérdida. Será salvo, pero sólo como a través de las llamas (para refinar).

1 Corintios 9:24 ¿No sabéis que en una carrera todos los corredores corren; pero solo uno recibe el premio? Corre de tal manera que te lleves el premio.

Filipenses 4:19 Además mi Dios suplirá todas vuestras necesidades conforme a sus riquezas y gloria en Jesucristo.

1 Timoteo 6:17 Enseña a los ricos de este siglo que no sean vanidosos, ni pongan su esperanza en la incertidumbre de las riquezas, sino en Dios, que nos proporciona todas las cosas en abundancia para que las disfrutemos.

Déjalo Ir Mi Ego

Opciones

- Elijo aprender de mis errores y hacerme cargo de mis percances.

- Aunque ocurran errores y percances, me permito obtener nuevas perspectivas, para poder crecer en todos los ámbitos de la vida.

- Elijo reconocer la realidad de las imperfecciones, no sólo en mí, sino en todos, menos en Dios.

- Incluso si actualmente no tengo el control de una situación, elijo aceptar que puedo dar un paso atrás y evaluar, reevaluar y renovar la compostura.

- Elijo dejar que Dios guíe mis elecciones, pensamientos y acciones, en lugar del mundo o de otros en mi esfera de influencia.

- Incluso si perdí el control de mis emociones externamente por enojo o al reprimir mis emociones en silencio en el pasado, puedo elegir respirar y comunicarme de manera calmada, racional y realista.

- Incluso si pienso o siento que necesito "arreglar" a alguien y/o una situación, sé que las personas deben usar su propia voluntad para crecer en cualquier área de su vida.

- Elijo perdonar, amar, orar y aceptar a otros que se niegan a cambiar y crecer o madurar mentalmente, emocionalmente, financieramente y sobre todo espiritualmente desde una distancia segura.

- Elijo reconocer que no tengo el control de las consecuencias y elecciones de otros adultos, ni ellos tienen el control de mí ni de los míos como adulto.

- Elijo ver desde una perspectiva de humildad sobre mis deseos, para poder aprender, crecer y madurar en todas las áreas de mi ser.

- Elijo reconocer y sanar el dolor emocional y espiritual, para que esas áreas de mi vida crezcan al mismo ritmo que mi inteligencia mental.

- Elijo ser responsable de mis propias emociones, comportamientos y acciones en todos los ámbitos de la vida como adulto, en lugar de culpar a los demás.

- Elijo avanzar en un amor realista que no compita ni guarde rencores y amarguras.

- Elijo cambiar patrones de comportamiento negativos y/o pesimistas, así tengo esperanza, positividad y paz para el futuro.

- Elijo dejar de lado los sentimientos victimizados, los pensamientos imprudentes y/o los placeres fugaces, ya sean físicos o financieros, para que pueda producirse y mantenerse una paz y un orden más duraderos.

Cambios

La vida tiene ciclos que cambian constantemente, algunos cortos y otros largos. Resistirse al cambio puede llevarlo a un nuevo ciclo, como una fuerte corriente que puede hundirlo o impedirle avanzar. Oponerse a su propio crecimiento personal impide la madurez en una o varias áreas y crea factores estresantes innecesarios. Médicos, consejeros, terapeutas y psicólogos han escrito volúmenes de estudios en los últimos 100 años que atestiguan el hecho de que, si la falta de crecimiento continúa en cualquier área, la enfermedad física se manifiesta y pudre en el cuerpo, así como la posibilidad de desorden ambiental. consiguiente y montaje en el entorno doméstico.

Puedo escuchar a Michael Jackson cantando en Man in the Mirror. "Si quieres hacer del mundo un lugar mejor, mírate a ti mismo y luego haz ese cambio". Un lugar para comenzar es asegurarse de decir lo que dice y decir lo que quiere decir. Escuche lo que dice y cómo lo dice. Grábate según sea necesario. El sarcasmo generalmente enmascara una respuesta negativa a la verdad que has elegido expresar de forma pasiva y agresiva. Hable con sincera amabilidad e integridad. Vuelva a consultar sus declaraciones de "elección" para obtener orientación.

Ahora que se ha escuchado a sí mismo, considere acciones que respalden sus declaraciones. ¿Cumples con lo que dices? La intencionalidad es clave. ¿Tiene intención de hacer lo que dice? ¿Estás simplemente tratando de complacer a los demás o mantener una paz falsa? La mala voluntad sólo sirve a uno mismo y es una solución que desmiente la realidad para su beneficio sólo al final. Un patrón de mal comportamiento que conduce a promesas incumplidas y, en última instancia, a la exposición de relaciones infelices y de traición. Practique declaraciones que no sean vagas ni generalizadas. Sea específico y honesto. Si no tiene la intención de hacer algo, no diga que lo hará.

Sé el ejemplo para ti mismo y luego para los demás por asociación. No hay validación para sentir vergüenza cuando las palabras y las acciones no coinciden. Escriba notas positivas de palabras y acciones de comportamiento positivo como "Escuche las opiniones de los demás y piense, en lugar de hablar primero". Agregue más o incluya alguna opción de sus declaraciones de elección favoritas. Comprométete aún más con estos cambios colocándolos en un lugar destacado en áreas que ves a diario, como tu refrigerador, computadora portátil, espejo del baño, microondas, tablero del auto, etc. Establece estos nuevos parámetros y límites de comportamiento para prepararte para distracciones y tentaciones. Esas cosas nublan y obstaculizan el crecimiento. Pídele a Dios que te guíe cada vez.

Capítulos y Versículos

Proverbios 3:5-6 Confía en el Señor con todo tu corazón y no te apoyes en tu propia prudencia. 6 Reconócelo en todos tus caminos y él enderezará tu camino.

Proverbios 11:11-13 Con la bendición de los rectos se edifica la ciudad, pero con la boca de los impíos se derriba. 12 El que desprecia a su prójimo carece de sabiduría, pero el hombre inteligente calla. 13 El chisme revela un secreto, pero la persona confiable guarda una confianza.

Proverbios 18:12 Antes de la caída el corazón del hombre se enorgullece, pero antes de la honra está la humildad.

Eclesiastés 7:8-9 Mejor es el fin de un asunto que el principio y mejor es un espíritu paciente que uno orgulloso. 9 No os enojéis rápidamente en vuestro espíritu, porque la ira reside en el corazón de los necios.

Marcos 11:25 Y cuando estéis orando, si tenéis algo contra otro, perdónalo, para que vuestro Padre que está en el cielo os perdone también vuestras ofensas.

Romanos 13:12 La noche está llegando a su fin y el día se acerca; despojémonos, pues, de las obras de las tinieblas y vistámonos las armas de la luz.

2 Corintios 10:13-14 Nosotros, sin embargo, no nos gloriaremos más allá de nuestros límites, sino sólo dentro del campo de influencia que Dios nos ha asignado, un campo que llega incluso a vosotros. 14 No nos sobrepasamos de nuestros límites, como si no hubiésemos venido a vosotros. De hecho, fuimos los primeros en llegar hasta vosotros con el evangelio de Cristo.

Efesios 6:12 Porque nuestra lucha no es contra sangre y carne, sino contra principados, principados, las tinieblas de este mundo, y huestes espirituales de maldad en las regiones celestiales.

Santiago 3:2 Todos cometemos errores. Porque si pudiéramos controlar nuestra lengua, seríamos perfectos y también podríamos controlarnos a nosotros mismos en todos los demás aspectos.

Santiago 4: 1-2 ¿Qué causa los conflictos y riñas entre vosotros? ¿No provienen de las pasiones en guerra dentro de ti? 2 Anhelas lo que no tienes. Peleas y peleas. No tienes, porque no pides. 3 Y cuando pedís, no recibís, porque pedís con motivos equivocados, para malgastarlo en vuestros placeres.

Triunfo Contra Trauma y Abuso

Opciones

- Incluso si he sido herido emocionalmente, verbalmente y/o físicamente, elijo valorar todo lo que soy y lo que hago en la tierra mentalmente, emocionalmente, financieramente y sobre todo espiritualmente, especialmente ante los ojos de Dios.

- Incluso si un entorno, ya sea hogar, negocio o comunidad, o personas en esos entornos crearon miedo o trauma, puedo liberarlo en el presente y en el futuro; porque no sirve a mi bien mayor.

- Incluso si experimenté trauma y/o abuso en el pasado, ya sea cuando era un niño muy pequeño, un adolescente o un adulto, en el presente elijo sanarme perdonándome y amándome a mí mismo y a los demás, para poder crecer y madurar mentalmente, emocional, físicamente y sobre todo espiritualmente.

- Elijo seguir adelante mostrando y compartiendo amor, bondad, cariño y felicidad, mientras perdono la persecución de mi pasado y presente.

- Elijo perseverar hasta un lugar de seguridad y paz.

- Elijo nunca conformarme con ser menos que amado con amabilidad, cariño y apoyo recíprocos en todas mis relaciones, ya sean amigos, familiares y/o comerciales.

- Elijo palabras y actividades alentadoras que inspiran cambios positivos y felicidad en todas las áreas de mi vida.

- Ya no elijo situaciones y relaciones caóticas, duras, irracionales o carentes de integridad.

- En todos los ámbitos de la vida elijo sanar, así estoy equilibrado emocionalmente. mentalmente y sobre todo espiritualmente.

- Incluso si elijo el amor y la luz, debo actuar para protegerme y mantenerme a mí mismo y a los demás a salvo.

-Incluso si hay pérdidas económicas, comience a hacer planes para detener y abandonar las relaciones tóxicas y todas las interacciones, si es posible. La seguridad y la paz son más importantes que las posesiones mundanas.

Cambios

-Considere reunirse con profesionales como un consejero, pastor, casa segura, abogado y/o detective para discutir sus inquietudes.

- Escribe una carta de amor y aliento al guerrero herido, al niño interior que lleva dentro de la mente y el corazón.

- Escribe una carta de aliento a tu futuro yo adulto en el presente y mirando hacia metas futuras de curación y madurez. Trabaja para lograrlos.

- Ayudar a la curación de uno mismo ayudando a otros como usted. Haga un cambio personal en un área(s) de su interés. Aquí hay algunos a considerar. Dale algo de comida, ropa o tiempo a un refugio para mujeres. Sea voluntario en un refugio para personas sin hogar, un rescate de animales o un hogar de ancianos como cantante, comediante o lector de libros.

Reconozca las "señales de alerta" escuchando y observando atentamente los comportamientos. Luego, establezca límites sin vergüenza y respételos. Escríbalos y publíquelos en su casa, si necesita que se lo recuerden. Esto puede ayudarle a amar y perdonar a los demás sin regresar a aquellos que pretenden hacer daño mentalmente, emocionalmente y/o físicamente a través del engaño como un lobo con piel de oveja. Escuche también cuando otros den declaraciones, excusas y/o respuestas vagas y/o generalizadas a preguntas. Haga que los demás rindan cuentas y sean responsables de sus palabras y comportamientos. Continúe estudiando los patrones de comportamiento de otras personas que puedan intentar hacerle retroceder y continuar con el abuso en el futuro. Mantente firme en todos los límites que te hayas fijado. No te dejes llevar por las lágrimas.

Deshazte de todas las personas, lugares, comportamientos y estilos de vida tóxicos, para que puedas tener confianza en tus elecciones y cambios de mentalidad. Simplemente diciendo: "No". Es posible que la palabra calma y confianza deba convertirse en una palabra más común en su vocabulario. A veces se trata de reprogramar la mente, las emociones y las reacciones verbales para disolver o al menos disipar patrones anteriores de complacer a las personas, permitir malos comportamientos de los demás o ser un felpudo. Los supervivientes prosperan viviendo y perseverando, sin ceder ni darse por vencidos.

Cuando otros sean abusivos e intimidantes, abandone el área sin ningún anuncio, explicación y/o disculpa. Camine, corra y/o llame al 911 si alguna vez se siente inseguro. Registre y mantenga la calma. Pide ayuda a vecinos, familiares y/o amigos, pero sobre todo pídele a Dios su guía y protección. El Espíritu Santo es la sal que puede sazonar la seguridad personal 24/7/365.

Capítulos y Versículos

Deuteronomio 31:6 ¡Sé, pues, fuerte y valiente! No tengáis miedo ni os asustéis ante ellos. Porque el SEÑOR tu Dios personalmente irá delante de ti. Él no os fallará ni os abandonará.

Salmo 10:17-18 Oh Señor, oyes el deseo de los afligidos; fortalecerás su corazón; inclinarás tu oído para hacer justicia al huérfano y al oprimido, para que el hombre de la tierra no vuelva a infundir terror.

Salmo 11:5 Jehová prueba al justo y al impío; Su alma odia al amante de la violencia.

Salmo 30: 5... El llanto puede durar toda la noche, pero la alegría llega con la mañana.

Salmo 60:11-12 Danos ayuda contra el enemigo, porque de nada vale la ayuda del hombre. 12 Con Dios actuaremos con valor, y Él hollará a nuestros enemigos.

Proverbios 16:32 Mejor es el que tarda en airarse que el guerrero, y más el que controla su temperamento que el que toma una ciudad.

Proverbios 17:14-15 Iniciar una disputa es desatar una inundación, así que abandona la disputa antes de que estalle. 15 Absolver al culpable y condenar al justo: ambas cosas son abominaciones al Señor.

Isaías 41:11 He aquí, todos los que se enojan contra ti serán avergonzados y avergonzados; Los que contienden contigo serán reducidos a la nada y perecerán.

Marcos 9:42 Pero si alguno hace tropezar a uno de estos pequeños que creen en mí, más le valdría que le colgaran al cuello una gran piedra de molino y lo arrojaran al mar.

Juan 10:10 El ladrón sólo viene para hurtar, matar y destruir. He venido para que tengan vida y la tengan en abundancia.

2 Corintios 10:4 Las armas de nuestra guerra no son las armas del mundo. En cambio, tienen poder divino para demoler fortalezas.

Colosenses 3:19 Los maridos y las mujeres se aman unos a otros y no se tratan con dureza.

Efesios 5:8 Porque en un tiempo estabais en tinieblas, pero ahora estáis en la luz del Señor. Caminad como hijos de la luz.

Encuentras Favor Dentro de Tiempos de Enfermedad y Depresión

Opciones

- Incluso si existen desafíos internos y/o externos del pasado o permanecen en el presente, sé que puedo expresar y liberar con calma pensamientos y emociones saludables, ya sea tristeza o enojo y volver a la paz.

- Aunque siento pensamientos confusos o pena, lentamente respiro y exhalo profundamente, miro hacia arriba y a mi alrededor fuera de una ventana o en la naturaleza (de día o de noche) y me doy cuenta de que hay un mundo más hermoso y más grande que yo para reconocer y absorber.

- Elijo respirar cada día experiencias positivas y felices, junto con otras emociones, para poder crecer y madurar.

- Aunque pueda tener un dolor tremendo ahora, pido ayuda para aliviar y/o aliviar el estrés, las cargas y/o el dolor físico presente y futuro.

- Incluso si la asistencia se brinda de maneras que no siempre me doy cuenta, de maneras que quizás no veo, entiendo o espero, estoy abierto a diversas posibilidades y elecciones en todas las áreas.

- Incluso si el diagnóstico no es positivo, pero sigo respirando en este momento presente, entonces acepto que tengo un propósito en esta tierra y lecciones que aprender sobre mí y/o sobre los demás en este viaje conmigo.

- Un propósito nuevo o adicional en la vida puede expresarse, si simplemente le pido a Dios que me dé más sabiduría y discernimiento, para que me sea revelado en la fe, la esperanza y el amor.

- Aunque no pueda hablar, Dios escucha mis oraciones.

- Si todavía estoy vivo, tengo un propósito para mí, mis amigos, mi familia y mi comunidad, porque hay lecciones que aprender para mí y/o para ellos.

- Elijo superar la enfermedad y el dolor escuchando y/o viendo música, películas y/o libros alegres. La risa es verdaderamente la mejor medicina.

- Aunque sea sólo dar una vuelta por la manzana o abrir las persianas cada día, toma un poco de sol. Es saludable en más de un sentido.

Cambios

Escriba una lista o comparta una lista verbalmente sobre las cosas que le apasiona cambiar para mejor, en la familia, la comunidad o incluso a mayor escala. Elige uno de esos objetivos para centrarte en ayudar. Comience un plan para iniciar sus pasos para mejorar cualquier área en la que desee realizar ese cambio. Reconocer el propósito de la vida no tiene por qué incluir grandes gestos, aunque esos efectos en cadena no suelen verse de inmediato. A veces, el gesto más pequeño se paga para llegar a una costa más lejana y desconocida... incluso a años de distancia.

Aquí hay algunas ideas para comenzar. Abra una fundación, organización benéfica o refugio/rescate a nombre de alguien. Planta un árbol en un parque en recuerdo de una vida bien vivida. Considere un libro, un video o un podcast en el que usted y otras personas en su situación compartan testimonios de recuperación que ayuden a otros.

Ahora agregue lo que puede hacer usted mismo y quién y qué necesita ayuda para participar en su propuesta o proyecto. Esta nueva lista puede incluir familiares, vecinos, amigos, miembros de la iglesia o de la comunidad de extensión, e incluso agencias de apoyo en línea con nombres y números de teléfono. Incluya también en su solución la priorización de problemas y necesidades, así como soluciones a corto y largo plazo. Considere todas las áreas de cuestiones y obligaciones emocionales, mentales, físicas, financieras y, sobre todo, espirituales. Consulta a profesionales y considera todas las opciones y soluciones, incluso aquellas que se salen de lo normal en tu planteamiento inicial.

Lleve un cuaderno, un diario o un diario. Si no puedes escribir, grábalo verbalmente o pídele a alguien que escriba mientras dictas. Si eres más artístico, considera un collage, una pintura o un diorama para representar la superación de tus desafíos. En el camino, es posible que tengas que cambiar una opción, adaptarla aumentando/disminuyendo y/o buscar otro propósito fuera de lo común; hazlo. Una flor pasa por cambios constantes, siempre abriéndose y hermosa en cada momento. Puedes adaptarte, si es necesario. Dios está en control.

Capítulos y Versículos

Salmo 34:17-19 Los justos claman, y Jehová oye. Él los libra de todos sus problemas. 18 Cercano está Jehová a los quebrantados de corazón; Él salva a los contritos de espíritu. 19 Muchas son las aflicciones del justo, pero de todas ellas el SEÑOR lo libra.

Lamentaciones 3:21-23 Sin embargo, recuerdo esto, y por eso tengo esperanza: 22 Por la amorosa devoción de Jehová no somos consumidos, porque sus misericordias nunca dejan de ser. 23 Son nuevos cada mañana; grande es tu fidelidad.

Mateo 5:4 Bienaventurados los que lloran, porque serán consolados.

Juan 14:1-3 No se turbe vuestro corazón. Confía en Dios y confía también en mí. 2 Hay lugar más que suficiente en la casa de mi Padre. Si no fuera así, ¿os habría dicho que os voy a preparar un lugar? 3 Y si voy a prepararos lugar, vendré a buscaros, para que donde yo esté siempre estéis conmigo.

Romanos 8:33-35 ¿Quién presentará acusación contra los elegidos de Dios? Es Dios quien justifica. 34 ¿Quién hay para condenarnos? Porque Cristo Jesús, el que murió, y más aún resucitó, está a la diestra de Dios, e intercede por nosotros. 35 ¿Quién nos separará del amor de Cristo? ¿Será la angustia, la angustia, la persecución, el hambre, la desnudez, el peligro o la espada?

1 Corintios 15:49-51 Y así como hemos llevado la semejanza del hombre terrenal, así también llevaremos la semejanza del hombre celestial. 50 Ahora os declaro, hermanos, que la carne y la sangre no pueden heredar el reino de Dios, ni lo corruptible hereda lo incorruptible. 51 Escuchen, les digo un misterio: No todos dormiremos, pero todos seremos transformados; 52 En un instante, en un abrir y cerrar de ojos, a la final trompeta. Porque sonará la trompeta, los muertos resucitarán incorruptibles y nosotros seremos transformados.

2 Corintios 1:4-6 (Dios) que nos consuela en todas nuestras angustias, para que nosotros podamos consolar a los que están en cualquier angustia con el consuelo que nosotros mismos hemos recibido de Dios. 5 Porque así como las aflicciones de Cristo abundan en nosotros, así también por Cristo abunda nuestro consuelo. 6 Si somos afligidos, es para vuestro consuelo y salvación; si somos consolados, es para vuestro consuelo, que logra en vosotros soportar pacientemente los mismos sufrimientos que nosotros experimentamos.

Atrévete a Aligerar la Carga de la Depresión

Opciones

- Aunque equilibrar la vida sea a veces como una bofetada, no es para derrotar, sino para enseñar y restaurar la corrección.

- Elijo hacer preguntas difíciles, porque una búsqueda sincera de la verdad libera nuestra mente y nuestro corazón de la incertidumbre.

- Incluso si hay pruebas, a su debido tiempo el cambio es inevitable, por eso espero con un corazón valiente todos los nuevos comienzos.

- Elijo pensamientos, espacios, personas y lugares positivos, porque donde va la mente va el cuerpo.

- Elijo perdonar y orar por aquellos que no tienen en mente lo mejor para mí, aunque sea a distancia.

- Elijo un propósito bien intencionado que tiene significado para mí, pero que lo es para otros fuera y/o más allá de mí.

- Elijo hacer que mi casa, auto, espacio de trabajo, garaje, cobertizo, etc. sea tan limpio, claro y simplificado como quiero que lo sean mi mente y mi corazón.

- Incluso si hay problemas trágicos que llevan mis pensamientos a lugares negativos, toda mi vida tiene el propósito de mejorar a los demás y me concentraré en eso.

- Elijo hacer limones con limonada agregando dulzura y agua limpia de las oportunidades y opciones positivas de la vida.

- Elijo más sabiamente respirando en cada prueba.

- Incluso si debo aceptar responsabilidades laboriosas y/o rendir cuentas por las consecuencias, Dios obra todo para un bien mayor. Las bendiciones se encuentran en el beneficio y trae paz a lo largo de su camino.

- Elijo salirme de mi propio camino y entregar todos los problemas a Dios, pero siempre me detengo a oler las flores para recordarme la belleza de la creación de Dios.

Cambios

Coloca tu mano sobre tu corazón o toma tu pulso en tu muñeca o cuello, si tu corazón aún late y tú aún respiras, todavía tienes un propósito. Significa que Dios aún no ha terminado contigo. Ya sea que cumplas tu propósito por tu cuenta o con otros, hazlo. Tu propósito siempre tiene que ver con cualquier habilidad, oficio, título y/o experiencia de vida que ya tengas o seas capaz de realizar. Haga una lista realista de ellos, incluso los menores.

Ahora, para empezar desde cero, es necesario realizar algunos trabajos de preparación en su entorno. Mira a tu alrededor y piensa cómo cambiarlo para traer la dulzura y el agua limpia del positivismo a tus espacios. Agregue esa dulzura limpiando, despejando y simplificando el lugar donde vive y trabaja. También agregue dulzura a través de un enfoque más suave de respirar con calma y mantener sus elecciones claras como agua limpia, no escamosa.

Haga tres cajas, bolsas o áreas para separar las decisiones sobre todas las cosas: una pila para guardar, una pila para donar y tirarlas a la basura o al pasado. Comience con su entorno físico. Primero revisa la ropa, luego los objetos que no has tocado en 6 meses y continúa con cada habitación, armario, despensa y cajón mientras aplicas este método. Una vez que hayas hecho las áreas interiores, muévete a los espacios exteriores. Cada área despejada y limpiada le brindará más libertad y positividad. Si la cantidad de trabajo es abrumadora, hágalo poco a poco, pida ayuda y/o contrate un servicio de limpieza para que lo ayude.

Los cambios son una elección de libre albedrío. ¿Qué tanto deseas sanar y eliminar el caos y la disfunción de tu vida? Escuche su música positiva favorita mientras limpia y aclara. Una vez hecho esto, silencie todo ruido y distracciones durante al menos 15 minutos al día. Siéntese en la quietud de la paz y la tranquilidad y en las áreas para que fluya nueva energía positiva en los espacios creados. Expresa gratitud y da gracias en voz alta a todos los que participaron. Si lo hiciste por tu cuenta, tómate el tiempo para nutrirte con mimos tranquilos, según lo permita el presupuesto, incluso si se trata de un baño caliente con un vaso de agua fría, tal vez incluso un par de velas.

Ahora regresa a tu lista de elementos para expandir y/o desarrollar un propósito fuera de ti. Si tus recursos son limitados, comienza por ayudar a otros en su propósito similar al tuyo. Busque primero en línea o en su comunidad o vecindario. Siempre hay refugios para personas e instalaciones de rescate de animales que necesitan ayuda. Permita que sus intereses crezcan.

Capítulos y Versículos

Salmo 23:4 Aunque camine por el valle más oscuro, no temeré mal alguno porque tú estás conmigo. Tu vara y tu cayado me consuelan.

Proverbios 3:6 Reconócelo en todos tus caminos y él enderezará tus veredas.

Proverbios 15:13-15 El corazón alegre alegra el rostro, pero la tristeza del corazón quebranta el espíritu. 14 El corazón disertante busca conocimiento, pero la boca del necio se alimenta de necedad. 15 Todos los días del oprimido son malos, pero el corazón alegre tiene un banquete continuo.

Isaías 40: 29-31 Él da poder al débil y aumenta las fuerzas del débil.

30 Incluso los jóvenes se cansan y se fatigan; y los jóvenes tropiezan y caen. 31 Pero los que esperan en Jehová renovarán sus fuerzas; levantarán alas como las águilas; correrán y no se cansarán, caminarán y no se fatigarán.

Jeremías 29:11 Porque yo sé los pensamientos que tengo acerca de vosotros, dice Jehová, pensamientos de paz y no de mal, para daros un futuro y una esperanza.

Romanos 5:3-5 No sólo eso, sino que también nos alegramos de nuestros sufrimientos, porque sabemos que el sufrimiento produce paciencia. 4 La perseverancia produce carácter y esperanza. 5 Y la esperanza no nos defrauda, porque Dios ha derramado su amor en nuestros corazones por el Espíritu Santo que nos ha dado.

1 Corintios 10:13... Dios es fiel; Él no permitirá que seáis tentados más allá de lo que podáis soportar. Pero cuando sois tentados, él también os dará una salida para que podáis resistir.

Filipenses 3:13-15... Olvidando lo que queda atrás y esforzándome por lo que está delante, 14 prosigo hacia la meta para ganar el premio del llamamiento celestial de Dios en Cristo Jesús. 15 Todos los que somos maduros deberíamos abrazar este punto de vista. Y si piensas diferente sobre algún tema, Dios te lo revelará también.

Filipenses 4:11-13 No digo esto por necesidad, porque he aprendido a estar contento sin importar mis circunstancias. 12 Sé vivir humildemente, y sé tener abundancia. Estoy acostumbrado a cualquier situación: a estar saciado y a tener hambre, a tener abundancia y a tener necesidad. 13 Todo lo puedo en Cristo que me fortalece.

Cultivar el Carácter para Nutrirse a uno Mismo

Opciones

- Elijo una actitud perpetua de gratitud.

- Incluso si quiero el amor y la aceptación de los demás, tengo que nutrirme y curarme para tener confianza sin arrogancia.

- Elijo asociarme con aquellos que ponen a Dios en primer lugar y se preocupan por mis mejores intereses.

- Elijo liberar a los adultos y situaciones que son tóxicas, falsas y/o insalubres para mi salud emocional y mental.

- Elijo relaciones que muestren y compartan amor con dar y recibir recíproco.

- Elijo límites que sean saludables y los mantengo en todos los sentidos.

- Incluso si la "autosuficiencia" suena como una campana en el mundo, se resquebraja como algo centrado en el ego; por eso elijo la confianza en Dios, que lo busca primero con humildad y servicio para el mayor y mayor bien.

- Elijo tener un propósito para los demás más allá de mí mismo.

- Incluso si soy diferente a la mayoría, la diversidad añade singularidad e interés por dentro y por fuera.

- Aunque alguien me hable mal, no tengo por qué responder de la misma manera. Las personas destrozadas, heridas e inseguras no me definen.

- Elijo ser el mejor ejemplo de mí mismo para mi familia, mis amigos, los de mi comunidad, así como para cualquier extraño que encuentre en el camino.

- Aunque haya tenido un mal día, todavía puedo reunir ánimo para mí y para los demás, porque así es como la luz de Dios se expande y se comparte en todos los ámbitos, emocionalmente, mentalmente, físicamente, financialmenta y sobre todo espiritualmente.

- Elijo aceptar mi apariencia, incluso si los demás no me aceptan tal como soy.

- Elijo una perspectiva feliz, saludable y auténtica de mi cuerpo y de mi estilo.

- Incluso si tengo cicatrices u otras diferencias corporales en forma, tamaño y/o color, que han sucedido a lo largo de mi viaje, todo lo que soy representa el propósito de Dios en mí.

- Elijo reconocer la belleza en todas las personas, animales y lugares de la creación de Dios, por lo que no me centraré tanto en los defectos.

- Elijo reconocer que todos estamos destrozados, pero hechos de manera maravillosa y aterradora.

Cambios

Si alguien dice, "¡Toma el camino correcto!" ¿Qué significa? Pueden venir a la mente palabras como honor, ética, moral, integridad, amor y tal vez incluso ocuparse de sus propios asuntos. En todo caso, considere cuál es el camino más alto en esta situación. No creas que esto implica ser un felpudo. De hecho, estás haciendo exactamente lo contrario cuando cultivas el carácter. No te recuestas ni te rindes ni te rindes, permaneces firme en la verdad, alto y firmemente cimentado.

¿Cómo puedes estar más conectado a tierra? Literalmente levántate, sal lo más que puedas, respira el aire, mira la creación de Dios y date cuenta de que la creación es más grande que nosotros. Dé un paseo por la calle o dé la vuelta a la manzana. Si puedes ir más lejos, anda en bicicleta, camina o trota en tu comunidad, en la naturaleza, en un parque o en la playa. Preste atención a los árboles, las plantas, la vida silvestre e incluso a las estrellas por la noche. Considere de 10 a 20 minutos al día para conectarse, oxigenarse y rejuvenecerse. Ve solo, en pareja, con mascota o únete a un grupo de excursionistas. Si estás en forma, únete a un grupo de encuentro de excursionistas o corredores... o crea uno propio.

Desarrollar fotografía de naturaleza, jardinería, cocina u otras habilidades saludables. Si puedes comenzar un pequeño jardín personal y/o comunitario, eso tiene muchas palabras, pero conectarse a tierra es simplemente tomarse el tiempo para oler las rosas y observar la puesta de sol... o el amanecer. Se trata de alejarse del ruido, las distracciones y/o los dispositivos electrónicos para liberarse del estrés, descomprimirse y refrescarse. Muévete a aguas tranquilas.

Otro enfoque cambia el estancamiento para hacer lo mismo que salir, pero dentro de la sala de estar. Mueva algunos muebles o decoración, lo que no cuesta dinero. Si puede, fabrique o invierta en almohadas, fundas de almohadas o mantas nuevas o encienda una vela aromática. Agregue algunas plantas o flores al alféizar de una ventana. Muestra tu galería de fotos actualizada. Si necesita limpiar y despejar un espacio y enviar algunos artículos a Goodwill o simplemente tirar a la basura artículos viejos y no utilizados, hágalo.

Una vez que estés más arraigado, podrás ampliar aún más el crecimiento de tu personaje. Cambie las prioridades para cultivar más amor y sabiduría a través de un propósito fuera de usted mismo. ¿Qué tiene significado para ti, pero da servicio a los demás? Tal vez sea ese jardín comunitario, un grupo de estudio bíblico o hacer un montón de almohadas para llevar al refugio para personas sin hogar. Trate de generar experiencias que incluyan personas y opciones de estilos de vida saludables para enriquecer el carácter de todos los involucrados. La guía de Dios puede marcar el camino y ayudar. Recuerde, no tiene por qué ser un gran gesto; simplemente comience y mantenga el impulso.

Capítulos y Versículos

1 Samuel 16:7... Los humanos no ven lo que ve el Señor. Los humanos ven lo visible, pero el Señor ve el corazón.

Job 34:19 ¿Quién no favorece a los príncipes y no favorece a los ricos sobre los pobres? Porque todos ellos son obra de sus manos.

Proverbios 4:19-21 El camino de los impíos es como la oscuridad más oscura; no saben qué les hace tropezar. 20 Hijo mío, presta atención a mis palabras; inclinad vuestro oído a mis dichos. 21 No los pierdas de vista y guárdalos dentro de tu corazón.

Proverbios 4:23 Guarda tus emociones internas con toda vigilancia porque de ellas fluye la fuente y manantial de toda vida.

Salmo 139: 14 Te alabo porque fui hecho de manera maravillosa y maravillosa. Maravillosas sois vuestras obras; mi alma lo sabe bien.

Romanos 2:11 Dios no hace acepción de personas con las personas.

Romanos 12: 1-2 Así que, hermanos, os ruego por las misericordias de Dios, que presentéis vuestros cuerpos en sacrificio vivo, santo, agradable a Dios, que es vuestro culto racional. 2 Y no os conforméis a este siglo, sino transformaos mediante la renovación de vuestra mente, para que comprobéis cuál sea la buena, agradable y perfecta voluntad de Dios.

2 Corintios 5:17 De modo que si alguno está en Cristo, nueva criatura es; las cosas viejas han pasado; he aquí, todas las cosas son hechas nuevas.

Efesios 4:2 Sed siempre humildes y amables. Tengan paciencia unos con otros. Tened en cuenta las faltas de los demás, gracias a vuestro amor.

Filipenses 2:12 Por tanto, amados míos, como siempre habéis obedecido, no como en mi presencia solamente, sino mucho más ahora en mi ausencia, ocupaos en vuestra salvación con temor y temblor.

1 Tesalonicenses 5:11 Por tanto, animaos unos a otros y edificaos unos a otros, como lo estáis haciendo.

1 Pedro 3:3-4 Vuestra hermosura no debe provenir del adorno exterior,... 4 sino de la disposición interior de vuestro corazón, la belleza inmarcesible de un espíritu afable y apacible, que es preciosa delante de Dios.

1 Juan 3:3 Y todo el que tiene esta esperanza en él, se purifica a sí mismo, así como él es puro.

Pensamientos Finales

A medida que envejecemos, la vida parece presentar oportunidades nuevas o inesperadas a cada paso. El desafío es ejemplificar positivamente o incluso codificar esos eventos. Las situaciones insalubres y angustiosas y las estaciones llenas de pruebas y tribulaciones pueden superarse y transformarse. Recuerde, nadie en el mundo puede decir que nunca ha considerado varias opciones disponibles o que nunca ha cambiado de alguna manera, ya sea consciente o inconscientemente. Asegúrese de buscar opciones y adaptaciones que maduren, eleven y hagan avanzar el crecimiento mentalmente, emocionalmente y espiritualmente. Si fomentas esas elecciones y cambios que avanzan, florecerán y prosperarán.

Aunque la adopción de nuevas opciones puede parecer desalentadora al principio, sea constante. Soldado para ver y sentir diferencias claramente más brillantes en mente, cuerpo y alma. Algunos de ustedes pueden sentirse atraídos a actualizar o restaurar revisando secciones y compartiéndolas con otros, a medida que los patrones de perseverancia se vuelven refinados. Las actitudes, influencias e inclinaciones tóxicas previas se disipan, ya que son reemplazadas por una convicción pacífica de perspectivas que son más productivas.

Algunos de ustedes pueden sentirse alentados a escribir sus propias declaraciones de elección para aplaudir, búsquedas de cambio que lograr o recordar escrituras relevantes de alabanza para incluir, a medida que su paradigma cambia. ¡A por ello! Haga una pausa, reflexione, tómese un tiempo para la oración y la meditación, o agregue sus propias notas de aliento y progreso.

Refiérase con frecuencia a la roca humilde y resistente de un espíritu disciplinado y profundizado en la sabiduría de la Palabra de Dios. En general, espero y rezo para que este libro inspire a las personas a desarrollar una hermosa fuerza interior y estabilidad mentalmente, emocionalmente, de alguna manera físicamente, pero sobre todo espiritualmente. Sea testigo de los efectos dominó del cambio que se suavizan y alcanzan al borde del agua para lograr un bien mayor.

Sobre el Autor

Kathryn Grant celebra más de 20 años como autora, ilustradora, presentadora y maestra jubilada para niños y adultos. Aunque ha escrito e ilustrado libros para niños, así como una novela de ficción histórica sobre la Guerra Civil, su último libro busca brindar esperanza y curación a través de un cambio que los empodera. También tiene el libro infantil Las Hormigas y Las Nubes Sabían por qué disponible en español de X-Libris..

Printed in the United States
by Baker & Taylor Publisher Services